LE FAUX NEZ

MONOLOGUE

DU MÊME AUTEUR :

Imprimerie générale de Châtillon-sur-Seine. — A. Pichat.

PIERRE TRIMOUILLAT

LE

FAUX NEZ

MONOLOGUE

dit par M. **FÉLIX GALIPAUX**

PARIS

TRESSE ET STOCK, ÉDITEURS

8, 9, 10, 11, GALERIE DU THÉATRE-FRANÇAIS

PALAIS-ROYAL

1886

Droits de traduction et de reproduction réservés.

Rabelais, Regnard, Poquelin,
Vous traitâtes même matière.
Votre œuvre à tous trois en est plein,
Rabelais, Regnard, Poquelin !
Or, sur papier simple ou vélin,
Chacun vous lit sa vie entière.
Rabelais, Regnard, Poquelin,
Vous traitâtes même matière...

P. T.

LE FAUX NEZ

A M. Armand Silvestre.

J'ai passé de tristes moments
L'an dernier à la Mi-Carême.
Des suprêmes amusements
C'est cependant le jour suprême.

Nous étions cinq ou six. Le plus
Riche offrit des faux nez énormes,
Epouvantablement difformes. —
Je voulais le plus long, je l'eus.

Je triomphais. Mais quand je pense
Que je jurai de le garder
Tout le jour, sinon de solder
A moi seul toute la dépense !

A ce faux nez — que retenait
Mon serment mieux que la ficelle,
Je dois l'affront que me fit celle
A qui mon âme se donnait.

Donc, voulant, comme de coutume,
Terminer notre carnaval
Par un tapage sans rival,
On alla fouler le bitume.

Être tout le jour enfermé
De tous les maux est bien le pire ;
Aussi, dès qu'on sort, on respire
A pleins poumons l'air embaumé...

Hélas ! quelle déconvenue !
Amis, dis-je à mes compagnons :
Je vous en conjure, gagnons
Une rue un peu mieux tenue...

Le fait est qu'il n'y sent pas bon,
Me répond l'un d'eux. Je préfère
Ma brasserie et l'atmosphère
De la choucroûte et du jambon.

Arrivés là, choucroûte, bière,
Jambon, tout rappelait — l'égout...
Pour moi, du moins. Si le dégoût
Tuait, je serais dans la bière.

Triste, penaud, le cœur navré,
Je jeûnai. Mon faux nez grotesque,
Pourtant énorme, gigantesque,
N'était pas plus long que mon vrai...

Pour chasser l'odeur inouïe,
J'osai — moi si timide — au sein
D'une brune à l'œil assassin,
Prendre une rose épanouie.

Je la respirai, plein d'ardeur.
— Drôle de fleur, fis-je, morose.
Cela sent plus fort que la rose,
Mais ce n'est pas la même odeur...

Sentez plutôt, les camarades.
— Elle embaume, répondent-ils.
Mais un esprit des plus subtils,
Fameux devineur de charades,

Nous dit : Ne soyez pas surpris.
La cause de ce phénomène
Est le nez que monsieur promène
Depuis ce matin dans Paris.

Pour l'odorat cet appendice
Doit être ce qu'est pour les yeux
Un microscope sérieux :
 Pas de parfum qu'il ne grandisse.,.

Quelle découverte ! combien
En peut profiter la science !
Souffrez de grâce en patience
Un petit mal pour un grand bien !

J'allais l'ôter, cet appendice
Qui changeait le parfum des fleurs :
J'étais joué par des farceurs,
Leur fou rire en était l'indice...

Alors, me dirent-ils en chœur,
Tu payeras seul la dépense ?
Brr...! — Je me soumis, comme on pense,
Bravant d'horribles maux de cœur.

Donc, jusqu'à la fin de la fête
Il fallait souffrir ce tourment :
En prêtant ce maudit serment
Quelle imprudence j'avais faite !

Mais écoutez. Ceci n'est rien.
J'aimais (et j'aime encore, peut-être)
Le plus doux, le plus charmant être
Qu'on puisse voir. Tout allait bien.

Seul, sans trop déplaire à Camille,
Parmi vingt autres prétendants,
Malgré mes défauts évidents,
Je convenais à la famille.

La belle-mère — ici chacun
D'un doute va me faire injure —
La belle-mère, je le jure,
N'avait aucun défaut. Aucun !

Elle était morte... Etais-je à plaindre ?
— Hélas ! cet être au mal enclin,
A l'instar du grand Duguesclin,
Jusqu'après sa mort se fait craindre.

Je vous le prouve en quelques mots.
— Je passai chez ma dulcinée
Le reste de cette journée
Et je mis le comble à mes maux.

D'abord au dîner je refuse
D'un air dédaigneux tous les mets ;
Et puis au dessert je me mets
A dire d'une voix confuse :

Je suis malade... S'il vous plaît,
Une goutte d'eau de Mélisse !...
Tout bas le père, avec malice,
Me dit : Hum ! Vous êtes complet...

Pour moi ma défunte chérie
A fait cette liqueur. Prenez.
— Je porte le verre à mon nez
Et le rejette avec furie.

Le bonhomme (un ancien sergent)
Me traite de brute, d'ivrogne,
Lui qu'une large et rouge trogne
Devrait rendre plus indulgent...

Disant que j'insultais sa femme,
Ce brutal qui, de son vivant,
La respectait si peu souvent,
Me mit à la porte ! — L'infâme !

Depuis, un autre prétendu
M'a remplacé près de Camille.
Dans le cœur de la belle fille
Ce contretemps m'avait perdu.

Rentré chez moi, sombre et la mine
Assez longue, à minuit sonnant
J'arrache mon nez étonnant.
Puis avec soin je l'examine.

Je recule... Est-ce un rêve? Non.
Le bout est plein de... Je frissonne!
Plein de... la chose dont Cambronne
A seul osé dire le nom!

De cette farce d'un des nôtres
Depuis j'ai ri de tout mon cœur...
Faites-la sans scrupule à d'autres :
On dit que ça porte bonheur.

FIN

TRESSE & STOCK, ÉDITEURS

Galerie du Théâtre-Français, 8 à 11, — Palais-Royal.

PARIS.

MONOLOGUES

IMPRIMERIE GÉNÉRALE DE CHATILLON-SUR-SEINE. — A. PICHAT